# CAMPAGNE D'ITALIE.

Chant de départ; Stances au Général **GARIBALDI**, sa profession de foi et ses vœux au début de la campagne, en présence de ses Concitoyens et de ses braves partisans assemblés sous le drapeau de l'indépendance; Hommage à l'Empereur, Commandant en Chef; Retour des Vainqueurs et leur entrée triomphale à Paris, le 14 Août 1859; Caractère du Soldat français, à son entrée en campagne.

## Chants Héroïques

### DÉDIÉS A LA FRANCE.

Par J. C. DELBARRE, de Dormans,

ancien Officier de Cavalerie de la Garde, Chevalier de la Légion d'honneur; décoré de la Médaille de Ste Hélène, Auteur des Poésies nationales du dix Décembre 1848, au 15 Août 1859 sous la présidence du Prince Louis-Napoléon et sous l'Empire.

Paris
15 Août 1859.

Paris, Imp. Lith. Granjot, 8, r. d. Bons Enfants.

1859

## CHANT DE DÉPART.

pour la Guerre entre l'Autriche & le Piémont,
soutenue par la France

dédié à l'armée française et à l'armée piémontaise.

Musique à faire.
Pour le présent, air : Au plus grand monarque du monde
Nous voulons offrir nos lauriers &c.

dans Frédéric à Spandau Mélodrame joué à la Porte St Martin.

---

Soldats ! le Piémont qu'on outrage,
En brisant aujourd'hui ses fers,
Fait appel à votre courage,
Pour mettre un terme à ses revers (Bis)
Entendez-vous ces cris d'alarmes
Poussés sous un joug oppresseur,
Faites, que le bruit de vos armes,
Réponde à ce cri de douleur (Ter)

---

Il a partagé votre gloire,
Allez partager ses dangers.
Afin que partout la victoire,
Vous couvre des mêmes lauriers. (Bis)
Combattre pour l'indépendance
D'un peuple brave et généreux,
N'est-ce pas, pour la noble France,
Mettre le comble à tous ces vœux ? (Ter)

Oui ! vainqueurs, pour la paix du monde
Pour une sage liberté,
Une sécurité profonde
Fera notre félicité, (Bis)
Ce bonheur que la France espère,
Peut-il exister sans la paix ?
Est-il un empire prospère,
Sans le secours de ses bienfaits ? (Ter)

---

La paix, c'est l'aimable concorde,
C'est le vœu de Napoléon ;
Car jamais le ciel ne l'accorde,
Sans le bon droit et la raison, (Bis)
Dieu, d'une éternelle justice,
Punit tôt ou tard les tyrans,
Dont le règne a fait le supplice
De ceux qu'ils nommaient leurs enfants. (Ter)

---

### Conséquence du Couplet précédent.

Trop souvent l'esclavage entraîne,
Tout un peuple dans le malheur ;
Plus il cherche à briser sa chaîne,
Plus cruel est son oppresseur. (Bis)
Alors, éclate la vengeance
Avec l'espoir d'un prompt succès ;
Et la révolte, en sa démence,
Se porte aux plus affreux excès. (Ter).

## Aux peuples de l'Allemagne.

Vous peuples, que la flatterie
Vont entraîner sous ses drapeaux,
Si vous aimez votre patrie,
Épargnez-lui de si grands maux !! (Bis)
Nous voulons votre indépendance
Sous l'empire de justes lois,
Si vous marchez contre la France,
N'est-ce pas renier vos droits ? (Ter)

## CONCLUSION.

Loin de nous l'esprit de conquête,
Si nous volons au champ d'honneur,
C'est pour conjurer la tempête
Qui s'oppose à notre bonheur. (Bis)
Ah ! puisse la paix générale
Accomplir aujourd'hui nos vœux,
Pour que l'Europe libérale,
Ne soit plus qu'un seul peuple heureux !!! (Ter)

**FIN.**

## LE GÉNÉRAL GARIBALDI.

*Sa profession de foi et ses vœux au début de la Campagne d'Italie, en présence de ses concitoyens et de ses braves Volontaires assemblés sous le Drapeau de l'Indépendance.*

### Stances

*suivies de l'Hommage de l'Auteur.*

L'amour sacré, l'amour de la patrie,
Me fait voler à de nouveaux combats.
Que font à moi, ces éternels débats.
Sous le grand nom de la Diplomatie !
Mon pays souffre, on le sait malheureux
Suis-je sans cœur, sans force, sans courage,
Pour le laisser en un tel esclavage ? —
Non ! je serai plus grand, plus généreux !!

———

Je veux d'abord, sa prompte délivrance,
En son pouvoir de sanctionner les lois,
Je veux surtout qu'il soutienne ses droits :
Le pourrait-il, sans son indépendance ?
Pour renoncer à courir les hasards,
Je veux la paix, une paix honorable ;
Un pouvoir fort, patriotique, stable
Et protecteur du progrès des beaux-arts.

Ah! trop longtemps le commerce en souffrance,
N'a pu jouir des douceurs de la paix;
Et les beaux arts sont restés sans progrès,
Par une triste et froide indifférence.
Tous ces beaux fruits qui nous sont réservés,
Je le vois bien, abondent sur la terre,
Mais leurs tributs, plongent dans la misère
Le laboureur qui les a cultivés.

---

Que je te plains, ô superbe Italie!
Quand je te vois, après tant de grandeurs!
Lutter sans fin, contre tes oppresseurs,
Et négliger tes œuvres du génie.
Mais Dieu, sur toi, veille du haut des cieux;
Depuis longtemps il voit couler tes larmes:
De tes tyrans, lui seul savait les trames:
Console-toi, Dieu, va combler tes vœux!!

---

Ma liberté ne serait qu'un mensonge,
Si je craignais d'exprimer tous mes vœux;
Mais je la tiens d'un Prince généreux,
A m'en priver qu'aucun tyran ne songe!
Elle me suit avec mes partisans,
En Lombardie et dans la Valetine;
Sur des rochers, au pied d'une colline
Pour le salut de nos bons habitants.

---

Il dit, soudain partout on crie aux armes !!!
Puis on entend l'effroyable tocsin :
Le Vandalisme, en passant le Tessin,
A répandu ces terribles alarmes.
Garibaldi, se montre furieux,
D'un tel affront, il veut tirer vengeance,
Mais les pillards redoutant sa présence,
Fuient, & partout ont fait des malheureux !

———

Les voyez-vous à travers la poussière,
Se diriger vers ce lointain hameau ?
Ils vont brûler, ou piller de nouveau,
Voilà comment ils comprennent la guerre,
Souffrirons-nous qu'un ramas de brigands
En saccageant ces fertiles campagnes,
Viennent souiller nos craintives compagnes
Et dans leurs bras égorger nos enfants ?!!

———

Adieu ! je vais ou m'appelle la gloire,
Pour les chasser, ces cruels ennemis :
Vous, citoyens, soyez toujours unis :
Et nous soldats ! courons à la victoire ! —
Un jour viendra, qu'arrivant à bon port,
Après l'éclat d'une horrible tempête,
Libre en ses vœux, tout un grand peuple en fête
Bénira ceux qui veillaient sur son sort.

———

## A SES VOLONTAIRES.

Allons livrer la première bataille,
En ces climats croissent de beaux lauriers ;
Pour les cueillir, bravons tous les dangers :
Le fer, le feu, les boulets, la mitraille !
Au champ d'honneur, plus le péril est grand,
Plus le vainqueur s'attire de mérite ;
Suivez mes pas, imitez ma conduite,
Vous me verrez toujours au premier rang.

---

Oui ! je serai toujours à votre tête,
A chaque attaque, à chaque mouvement ;
Si je succombe en mon commandement,
Chargez toujours, que rien ne vous arrête ! —
Nos ennemis qui n'ont d'ambition,
Que de dompter un peuple en esclavage,
N'auront jamais votre ferme courage,
Ni cet élan de résolution

---

Dignes enfants de la fière Italie,
Un prompt succès, nous est donc assuré !
Puisqu'avec moi, vous tous avez juré
De triompher ou de perdre la vie.
(Aux jeunes partisans qui viennent de s'enrôler)
En vous voyant vous, jeunes partisans,
Sous ce drapeau de notre indépendance ;
Mon cœur bondit de joie et d'espérance : —
Oui ! mes amis, nous serons triomphants !!!

Partons ! bientôt le Drapeau tricolore ;
En Lombardie, en Sardaigne, en Piémont,
Viendra flotter comme un sanglant affront ;
Fait à nos ennemis que partout on abhorre,
Il va prouver par mille faits constants,
Qu' Emmanuel, monarque sans faiblesse,
Par son courage et sa haute sagesse,
De ses sujets a fait des conquérants.

———

Puis, s'inspirant ; tout-à-coup, il s'écrie,
Dieu tout puissant, bénissez nos drapeaux !
Où sont rangés tant de jeunes héros,
Pour le salut de ma noble Patrie.
Préservez nous de funestes revers
En combattant pour notre délivrance ;
Protégez-nous, divine providence ;
Faites, mon Dieu, que nous brisions nos fers.

———

## HOMMAGE AU MÊME.

———

Oui ! ce héros, de victoire en victoire,
Va triompher de ses fiers ennemis ;
Il a juré d'affranchir son pays,
Par son courage, il en aura la gloire ;
Rare vertu ! sublime dévouement !
Amour sacré ! Amour de la patrie !
Qui fait qu'un brave, en exposant sa vie,
Peut tout oser, pour être triomphant.

Garibaldi, jeune, était indomptable,
Mais il aimait ses honnêtes parents,
Comme aujourd'hui ses zélés partisans ;
Il est humain, sensible et charitable,
Grand citoyen ; puis, illustre guerrier ;
Comme Bayard, sans peur et sans reproche ;
Que l'ennemi le menace ou s'approche,
Il n'en conçoit ni crainte, ni danger.

---

Ce partisan, déjà si populaire !
Si renommé par ses brillants exploits !
De son pays va soutenir les droits,
En mériter les honneurs de la guerre.
Oui ! ce héros qu'on aime constamment
Franc, courageux, et zélé patriote,
Aura partout, pour vigilante escorte,
Des citoyens au noble dévouement.

**FIN**

# HOMMAGE A L'EMPEREUR

en l'honneur de la Paix

et de son Retour de la Campagne d'Italie.

## Chant National

DÉDIÉ À LA FRANCE.

Musique à faire
ou Air : Prenons d'abord l'air bien méchant &c.
dans l'Opéra d'Adolphe & Clara.

Français ! réunissons nos voix,
Pour chanter la gloire immortelle
Du Prince qui soutint les droits
D'un peuple ami, brave & fidèle
Oui ! célébrons ces heureux jours,
Par de nombreux chants d'allégresse ;
Fêtons la paix et son retour    (Bis)
que nous devons à la sagesse    (Bis)

Au milieu des plus grands dangers,
On le vit exposer sa vie ;
Et cueillir ses premiers lauriers,
Pour le salut de l'Italie.

Mais Dieu, qui veillait sur ses jours
Qui voulut protéger la France
Comme il l'a protegea toujours,    (Bis)
A fait triompher sa vaillance.     (Bis).


Honneur à Napoléon trois,
Gloire à son invincible armée !
Dont nous célébrons les exploits
Comme à son retour de Crimée.
Triomphe au Prince généreux
Qui fit tout pour l'indépendance
D'un peuple esclave et malheureux
Ami dévoué de la France.

---

Ce Prince, aime la liberté,
Mais il combattrait la révolte
Qui, souvent sans nécessité,
A le désordre pour escorte.
L'Europe a besoin de repos,
D'une sécurité profonde ;
Ce n'est pas lui, sage héros,
Qui troublerait la Paix du monde

---

L'Empire, a-t-il dit, c'est la Paix ;
Au Commerce si favorable !
Et comme émule du progrès
Elle est partout indispensable.

C'est le plus grand de tous les biens
Que nous devons à la sagesse ;
Laissons-en jouir nos voisins           (Bis)
Sans peur, sans crainte ni faiblesse (Bis).

---

Il gémissait que tant de sang
Versé par un affreux carnage,
Fut le prix d'un si noble élan !
Et d'un intrépide courage.
Triomphant à Montebello,
A Magenta, couvert de gloire ;
Il voulut à Solpherino            (Bis)
Pour la paix, fixer la victoire.  (Bis)

---

# FIN.

## ENTRÉE TRIOMPHALE À PARIS,

des braves de l'Armée française à leur
retour de la Campagne d'Italie.
14 Août 1859.

---

## Chant National.
### dédié à la France.

---

*Musique à faire, ou air :*

Les voici, ces vaillants guerriers,
Dignes enfants de la patrie ;
Le front ceint des plus beaux lauriers
Que leur décerna l'Italie.
Qu'ils reçoivent à leur retour,
Les honneurs qu'on doit au courage.
Aux premiers rayons d'un beau jour,
On oublie aisément l'orage.

---

Ils reviennent avec la paix,
Sous les drapeaux de la victoire
Et le cœur aussi satisfait,
Que la France l'est de leur gloire.
D'un peuple esclave et malheureux,
Elle a voulu la délivrance ;
Et le ciel a comblé ses vœux !
Honneur, aux enfants de la France !

Jeunes héros, vaillants soldats,
Vous qui, pour imiter vos pères,
Avez dans ces derniers combats
Montré tant de vertus guerrières !
Soyez ici les bien venus
Comme en revenant de Crimée.
Nos adversaires sont vaincus,
Gloire à votre invincible armée !

———

Braves guerriers, votre valeur,
A donc fait triompher nos armes ;
Qu'un tel triomphe, au champ d'honneur,
A pour nous aujourd'hui de charmes !!
Contre deux grands peuples amis,
Que pouvait tant de résistance ?
Plus d'oppresseurs, plus d'ennemis ;
En partout, respect à la France !!!

———

Au cri de : Vive l'Empereur !
Que vous suiviez au pas de charge,
Vous avez tous au champ d'honneur,
Montré le plus ferme courage ;
Et par un intrépide élan,
A chacune de vos attaques,
On vous vit toujours en avant,
Vaincre d'innombrables obstacles.

———

Après tant d'actions d'éclat !
Tant de bravoure et de courage !
Paris, en foule sur vos pas,
Vient pour vous rendre un juste hommage.
Acceptez donc avec nos fleurs
Ce Chant de la Reconnaissance ;
L'expression de tous les cœurs,
Et l'écho de toute la France.

---

**FIN**

J. C. Delbarre, de Dormans

48, Rue de l'Église
au Gros Caillou.

## CARACTÈRE DU SOLDAT FRANÇAIS

### Chant héroïque
dédié à l'armée française.

Air : *J'allais au bal dans notre rue, &c.*

En guerre, au Nord, comme en Afrique,
J'ai chanté, du soldat français,
Et le dévouement héroïque,
Et la bravoure et les hauts faits
Pour lui rendre un nouvel hommage,
Après tant de récents exploits !!!
Je veux, en dépit de mon âge, } (Bis)
Faire encore entendre ma voix.

Triomphe, honneur, gloire & patrie :
D'un loyal & vaillant soldat,
Telle est la devise chérie,
Aussitôt qu'il vole au combat.
Son courage & sa vigilance,
Domptent les plus fiers ennemis.
Avec de tels braves, en France, } (Bis)
L'honneur n'est jamais compromis

Est-il sur un champ de bataille,
Il ne voit que brillants succès ;
Il aime à braver la mitraille,
L'obus, la bombe et les boulets.
Inébranlable sur la ligne,
Attentif au commandement,
Il se prépare, il se résigne
A tous les dangers du moment } (Bis).

De la bravoure et du courage
L'Étoile brille sur son cœur ;
Comme un glorieux témoignage
De son zèle et de sa valeur
Dans la ligne, ou bien dans la garde,
Qu'il soit chef ou simple soldat,
Son bonheur n'attend pas le grade
Pour faire une action d'éclat } (Bis).

Partout, il a couvert de gloire,
Le beau nom de Soldat français !
D'enfant chéri de la victoire,
Ce nom ne périra jamais !!
Répétons-le donc d'âge en âge,
Pour l'exemple de nos enfants,
Qu'il soit l'émule du courage
Et l'effroi de tous les tyrans ! } (Bis).

20.

Après les fureurs de la Guerre,
S'il retourne dans ses foyers
Où l'attend une bonne mère
Qu'il va couvrir de ses baisers ;
Au sein de son humble famille,
Tous les cœurs fêtent son retour
Et son Hymen, avec Lucile
Est le triomphe de l'Amour }  (Bis)

www.ingramcontent.com/pod-product-compliance
Lightning Source LLC
Chambersburg PA
CBHW071422060426
42450CB00009BA/1970